DESCRIPTION HISTORIQUE

DE LA VILLE

DE MESSINE, *&c. &c.*

Et détails Hiſtoriques & Météorologiques du déſaſtre que cette Ville vient d'éprouver (le 5 Février 1783.)

Il EST ÉTRANGE, obſerve un célèbre Voyageur Anglois (1), que la Nature emploie le même Agent pour créer & pour détruire, & que la même puiſſance, qui n'eſt regardée que comme deſtructive des pays habités, ſoit véritablement celle qui les produit. La Sicile ſemble avoir déjà éprouvé la ſentence prononcée contre toute la terre ; mais, comme le Phénix, on l'a vue renaître de ſes propres cendres, plus belle & plus brillante qu'auparavant. On apperçoit encore de tous côtés des traces de ces terribles révolutions ; malgré leur violence, leurs effets ont été ſalutaires : le feu, en pluſieurs endroits, n'eſt pas encore éteint, quoiqu'il n'ait plus d'activité que dans le Véſuve.

C'eſt en 1770, le 15 Mai, à bord de la *Charmante Molly*, à la hauteur de l'île de Caprée (2), que le

___

(1) M. *Brydone.*
(2) L'île de Caprée, ſi célèbre par le ſéjour d'Auguſte, & ſi infâme

A

Voyageur, que nous venons de citer, s'exprimoit ainſi dans ſes obſervations ſur la Sicile. Par quelle inconcevable fatalité ſe trouve-t-il être aujourd'hui le Prophète

---

par celui de Tibere, ſe trouve entre la baie de Naples & la Méditerranée. Un peu à l'Oueſt, on trouve celles d'*Iſchia*, de *Procida* & de *Niſida*; le fameux Promontoire de *Micène* où Énée débarqua; les champs ſi renommés de *Baies*, de *Cumes*, de *Pouzzoles*, & tous ces autres lieux qui formoient le Tartare & l'Eliſée des anciens; *les champs Phlégréens* & les plaines brûlantes où Jupiter terraſſa les *Géans*; le *Montenuovo* produit depuis peu de temps, par le feu, le Mont *Barbara*; la ville ſi pittoreſque de *Pouzzoles*, & la *Solfatare* fumant au-deſſus; le *Promontoire de Pauſilippe*, qui préſente le plus beau ſpectacle; l'opulente & ſuperbe ville de Naples, avec ſes trois Châteaux, ſon havre rempli de vaiſſeaux de toutes les Nations & ſes Palais, & ſes Egliſes & ſes Couvens innombrables. De-là juſqu'à *Portici*, le pays eſt couvert des maiſons & des jardins des Nobles, & paroît n'être qu'une continuation de la Ville. On découvre le Palais du Roi, ainſi que pluſieurs autres qui l'entourent, tous bâtis ſur les toits d'Herculanum, enſéveli par les éruptions du Véſuve, à plus de cent pieds ſous terre; des champs noirs formés par la lave qui eſt ſortie de cette montagne, & entre-mêlés de boſquets, de vignobles & de vergers; enfin, au fond de la ſcène, le Véſuve lui-même, vomiſſant des nuages de feu & de fumée, & formant dans l'air une large traînée, qui s'étend juſqu'à l'extrémité de l'horizon. Le pied de la montagne eſt environné d'un grand nombre de belles Villes, de Bourgs & de Villages, qui ne penſent pas au danger qu'ils courent continuellement d'être ruinés de fond en comble. Quelques-unes de ces Villes ſont conſtruites au-deſſus des maiſons de Pompeia & de Stabia, où périt Pline, & leurs fondemens aboutiſſent aux tombeaux ſacrés de ces milliers de Romains, qu'engloutit cette inexorable montagne. On découvre enſuite les rives pittoreſques de *Caſtellomare*, de *Sorrentum* & de *Mola*, dont la Nature a fait une contrée de délices. C'eſt l'étude de ce pays enchanteur & romaneſque, qui a formé nos plus grands Maîtres de payſage. Ç'a été l'école du *Pouſſin* & de *Salvator-Roſa*, ſur-tout du dernier qui compoſa ſes morceaux les plus célèbres ſur les rochers eſcarpés & ſourcilleux qui bordent cette côte; & la contemplation journaliere de ces grands ſpectacles remplit leur eſprit de cette multitude d'idées, qu'ils ont fait paſſer avec tant d'élégance dans leurs peintures. Ce qu'il y a de remarquable, c'eſt que cette côte immenſe, qui renferme une variété prodigieuſe de montagnes, de vallées, de promontoires & d'îles couvertes d'une verdure

DESCRIPTION
HISTORIQUE ET GÉOGRAPHIQUE
DE LA VILLE
DE MESSINE, &c. &c.

Et Détails Météorologiques
du désastre que cette Ville vient d'éprouver
(le 5 Février 1783.) par le tremblement de terre.

AVEC

Des Notes curieuses et intéressantes
sur la Calabre ultérieure, la Sicile & les Iles de
Lipari, &c. &c. &c. avec Cartes.

A PARIS,

Chez Desnos, Libraire & Ingénieur-Géographe du Roi de
Danemarck, rue Saint-Jacques, au Globe.

M. DCC. LXXXIII.

L'exactitude dont on s'est piqué dans les détails Historiques & Météorologiques de cette Description, nous engage à observer, qu'eu égard aux longitudes, aux latitudes & aux dates des Evénemens & des Révolutions arrivées dans cette partie du Globe, qui sont des objets de la plus grande importance dans la circonstance présente, le Lecteur ne doit ajouter foi qu'aux Exemplaires où se trouvent les Cartes.

de l'affreux défaftre qui vient de ruiner la Calabre ultérieure & la ville de Meffine?

Pour mettre le Lecteur à portée de juger plus particulièrement des fuites cruelles de ce terrible événement,
nous allons lui mettre fous les yeux le tableau de la
Calabre ultérieure & des Provinces qui en ont également été les victimes ; & les yeux baignés des larmes
amères que la nature doit à fa deftruction, nous le con-
duirons à travers les feux du Ciel, les tempêtes, les
débordemens & les vaftes abîmes qui ont ravagé &
englouti ces malheureufes contrées : heureux fi nous
pouvons feulement trouver enfuite un lieu propre à le
repofer fur les décombres !

La Calabre ultérieure comprend :

1.° *Reggio*, à l'extremité de l'Italie, près de la Sicile.
C'eft une ancienne Ville affez confidérable, avec le
titre d'Archevêché. Son commerce confifte principalement en Camifoles, Bas, Gants &c., qu'on y fabrique
avec le Fil, la Soie, ou Laine des Pinnes Marines. (1)
Cette Ville eft la patrie des Papes Agathon, Léon II
& Etienne III.

2.° *Mileto*, Evêché, au Nord de Reggio.

---

perpétuelle, & chargées des plus riches fruits, a été produite par un
feu fouterrein ; ce qui ne peut être révoqué en doute que par ceux qui
n'ont pas eu le temps ou la curiofité d'examiner ce fait étrange. *(Voyez
le Voyage en Sicile & à Malthe, par M. Brydone)*.

(1) Ces hardes font d'une légèreté admirable, & impénétrables au
froid le plus violent. Le poiffon, qui produit cette laine, eft une efpèce
de moule longue de fix à huit pouces ; fes écailles font couvertes d'un
poil extrêmement fin, de différentes longueurs. On le met tremper quelques jours dans l'eau, on le nettoie, puis on le bat & on le carde. Il
devient par-là auffi doux que la foie, & propre à être filé. La couleur
de ce poil eft brune & naturellement luftrée.

3.º *Giérazi*, Evêché, au Sud-Eſt de Mileto.

4.º *Squillace*, Evêché, au Nord-Eſt, ſur le Golfe du même nom. Cette Principauté appartient aux Princes de Monaco. (C'eſt la patrie du ſavant Cardinal Sirlet, Bibliothécaire du Vatican, mort en 1585.)

5.º *Catazaro*. Evêché, près le Golphe de Squillace. Le Gouverneur de la Province y réſide.

6.º *San-Severina*, au Nord-eſt de *Catazaro*. C'eſt une petite Ville ſituée ſur un rocher eſcarpé, près de la riviere de *Neto*. Elle a le titre d'Archevêché.

7.º *Cotrone* ou *Cotrona*, au Sud-Eſt de San-Séverina, Evêché. Cette Ville très-ancienne eſt remarquable par la force extraordinaire de ſes anciens Habitans, ſur-tout du fameux Athlète Milon de Crotone. (1)

La Calabre faiſoit autrefois partie de ce célèbre pays, connu ſous le nom de grande Grèce, & étoit regardée comme une des plus fertiles de l'Italie. Ses collines & ſes belles montagnes ſont couvertes juſqu'au ſommet, d'arbres & de brouſſailles, & paroiſſent être à-peu-près dans le même état que quelques-uns des déſerts de l'Amérique qu'on commence à cultiver. Les petites clarieres où l'on a coupé les bois font connoître la fertilité naturelle du ſol, & ce que pourroit devenir ce pays, ſi l'induſtrie & la population y étoient encouragées ; mais il eſt à-peu-près dans l'état où le laiſſèrent les Nations du Nord :

___

(1) En général, il n'y a point de pays plus rempli d'Evêchés que le Royaume de Naples. On ne les a pas tous nommés. Ils ſont la plupart de peu d'étendue & d'un revenu très-médiocre. Le Pape en a la nomination, excepté ſeulement de vingt-quatre, qui relevent immédiatement du Roi des deux Siciles, auxquels il nomme, ſuivant le traité fait en 1529, entre Clément VIII & Charles-Quint. De ce nombre, ſont les huit Archevêchés ſuivans : *Lanciano*, *Trani*, *Cirenza*, *Salerne*, *Tarente*, *Brindes*, *Otrante* & *Reggio*.

pendant les siécles d'ignorance & de barbarie, ce pays, ainsi que plusieurs autres, parvenu au dernier degré de culture & de civilisation, redevint un désert sauvage & stérile, rempli de buissons & de forêts ; & même, depuis la renaissance des Arts & de l'Agriculture, c'est peut-être le canton de l'Europe qui en a le moins profité. Quelques-unes de ces forêts sont d'une vaste étendue & absolument impénétrables, & elles cachent sans doute plusieurs monumens précieux de l'ancienne magnificence de cette contrée. La découverte faite en 1768 ou 1769, de *Pestum*, Ville Grecque dont on n'avoit pas entendu parler depuis un grand nombre de siécles, fournit une preuve de la vérité de cette conjecture : on apperçut en-fin les ruines de quelques-uns de ces temples somptueux parmi les bois ; ces débris *sembloient reprocher* aux hommes leur honteuse négligence, & implorer leur secours pour revoir de nouveau la lumiere. La curiosité & l'appât du gain déterrerent bientôt ces monumens, & exposerent au jour ces restes vénérables. Mais ce n'est pas ici le lieu, ajoute l'Observateur à qui l'on est redevable de ce récit, d'en faire une description. Nous le laisserons donc pour un moment, pour passer à celle de Messine.

Cette Ville, autrefois *Messena & Zanclé*, est (ou plutôt n'est plus) dans la vallée de *Démona*, (1) laquelle

---

(1) La vallée de *Démona* a environ cinquante lieues communes de France d'étendue, le long de la côte orientale, dans la mer Ionienne, soixante-quinze dans sa partie septentrionale, le long de la mer de Tos-cane, & soixante-deux dans sa plus grande largeur d'une mer à l'autre : on y compte cent trente-quatre Villes, parmi lesquelles on distingue *principalement* les suivantes.

Taormina, anciennement *Taurominium* & *Naxos*, Port. C'étoit au-trefois un Evêché au Sud de Messina. C'est une ancienne & jolie Ville, bâtie sur un rocher.

a pris son nom du mont *Gibel*, que le peuple regarde comme la bouche de l'Enfer & de l'habitation des démons. C'étoit une ancienne Ville grande, belle, riche & très-marchande, avec un port des plus fameux de la Méditerranée. Elle avoit le titre d'Archevêché. Les soies non travaillées & les étoffes de soie formoient son prin-

---

Milazzo, Port à l'Ouest de Messine, sur la côte septentrionale.

Patta ou *Patti*, Evêché plus à l'Ouest.

Randazzo, au Sud de la précédente, assez grande Ville, munie de quelques fortifications.

Le mont *Gibel*, autrefois Ethna, se trouve au Sud-est de Randazzo. C'est un volcan ou montagne qui jette des flammes, & quelquefois du feu en abondance & des pierres calcinées. En 1693, cette montagne s'est beaucoup enfoncée en terre; "elle s'est tellement rendue fameuse "par ses éruptions, dit un *Géographe* connu, M. Defer, que les His- "toires du pays sont toutes remplies des étranges effets qu'elle a causés "dans son voisinage, particulièrement au mois de Mars 1669, qu'il se "fit une nouvelle ouverture à la montagne, par laquelle les flammes "& le bitume qui en sortirent firent un désordre épouvantable. Au "mois de Janvier 1682, les feux recommencerent, & au mois de Juin "suivant, il en sortit une si grande quantité d'eau, que la campagne "d'alentour en fut inondée. Le sommet de cette montagne est toujours "couvert de neige, à cause de sa prodigieuse hauteur. C'est à la plage "de *Catane*, ajoute le même Géographe, Ville située à vingt milles "du mont *Gibel* ou *Ethna*, qu'il vient tous les quinze jours un Bri- "gantin charger la neige qu'on prend au sommet de ce Mont, en toutes "saisons, pour l'usage des Habitans de Malthe." Nous observerons à ce sujet que cette ville de *Catane*, eu égard à la catastrophe de *Messine*, est bien malheureusement située, quoique dans le terroir très-fertile de la vallée de *Noto*. Cette observation nous oblige en quelque sorte à en transcrire ici la description qu'en a donnée le même Géographe. "*Catane* est, dit-il, une Ville fort ancienne, avec titre d'Evê- "ché & d'Université de Droit. Elle est située sur le bord de la mer, "où elle a un Château, à vingt milles du mont Gibel, qui, par ses "fréquens débordemens de feu, l'a mise souvent à deux doigts de sa "ruine totale. Le plus considérable de ces débordemens eut lieu au "mois de Janvier 1693, mais d'une maniere si extraordinaire, que cette "Ville ne se remettra de long-temps de la ruine dans laquelle ce der- "nier tremblement de terre l'a mise."

cipal commerce. Elle étoit située fur le détroit qui porte fon nom, & auprès duquel eft un Phare *ou une Tour, avec un Fanal.* C'étoit un des meilleurs ports de l'Italie, & les Turcs même y avoient un Conful pour le commerce. Elle avoit un château fortifié & un arfenal bien fourni. Cette Ville infortunée étoit la patrie du Médecin Polycrète & d'Antoine de Meffine, Peintre fameux (1).

Le détroit, vers cette Ville, avoit quatre milles de large : il paroît en avoir à peine un, à l'embouchure du détroit, entre les promontoires de Pelore en Italie & la *Coda-di-Volpe*, (ou la queue de Renard) en Calabre. La plupart des anciens Auteurs croient, à ce fujet, que la Sicile étoit autrefois jointe à cet endroit au continent, & que quelque convulfion très-violente arrivée fur le globe, a produit cette féparation (2).

Il n'eft pas poffible de fe figurer, dit l'Obfervateur

---

(1) Ce fut ce Peintre qui, le premier, enfeigna en Italie, vers l'an 1530, l'art de peindre à l'huile : fecret qu'il avoit appris de Jean de Bruges, célèbre Peintre & Chymifte Flamand, & le premier Inventeur de cette maniere de peindre.

(2) Il n'y a point d'hiftoire, dit M. *Brydone,* qui remonte à cette époque. Il n'a vu, ajoute-t-il, aucun Auteur qui donne des preuves convaincantes de cette opinion. Il eft vrai que Claudien dit pofitivement:

« *Trinacria quondam Italiæ pars una fuit.* »

Et qu'on lit la même chofe dans Virgile, au troifieme Livre de l'Enéide :

« *Hæc loca vi quondam & vafta convulfa ruina,* &c. &c. »

Pline, Strabon, Diodore & plufieurs autres Hiftoriens & Philofophes font du même fentiment, & prétendent que les couches de terre des côtes oppofées du détroit, correfpondent parfaitement, ainfi que les roches blanches près de Douvres & de Boulogne, qui ont donné naiffance à une opinion de la même efpèce ; mais la reffemblance eft beaucoup plus frappante à l'œil fur les côtes de France & d'Angleterre.

dont nous avons déja emprunté les expreffions, la beauté des environs de Meffine : ils n'ont pas, dit-il, autant de grandeur que ceux de Naples, mais ils font bien plus agréables; & le quai, ajoute-t-il, furpaffe de beaucoup tout ce que j'ai jamais vu, même en Hollande. Il eft conftruit (c'eft toujours lui qui parle, à une époque de treize ans de différence, du moment où nous écrivons) en forme de croiffant, & eft environné dans l'efpace d'un mille d'Italie, d'une file de bâtimens magnifiques à quatre étages & exactement uniformes : la largeur de la voie entre ces maifons & la mer, eft d'environ cent pieds, ce qui forme une promenade délicieufe. La Ville jouit de l'air le plus pur & de la plus belle vue; elle n'eft expofée au foleil que le matin; & le refte du jour, fes fomptueux édifices lui procurent de l'ombrage; elle eft d'ailleurs rafraîchie continuellement par la brife du dé- troit; car le courant d'eau produit auffi un courant dans l'air.

A ces particularités nous joindrons la defcription que le Géographe, que nous avons déja cité, nous a donnée, en 1725, de cette Ville fi fuperbe & aujourd'hui fi malheureufe.

« *Meffine*, dit-il, eft une Ville très-confidérable, »fituée dans l'île de Sicile, fur le fameux détroit (1), »appellé Phare de Meffine, qui fépare la Sicile du

---

(1) Le havre de Meffine, lequel étoit formé par la courbure du promontoire, qui faifoit exactement la faucille, ce qui le mettoit à l'abri de tous les vents, étoit un des plus fûrs & des plus commodes de la terre pour les vaiffeaux; mais l'entrée en étoit d'une extrême difficulté, à caufe probablement du célèbre gouffre ou tournant de Carybde, qui étoit près de fon entrée, & qui occafionnoit fouvent dans l'eau un mouvement intérieur fi irrégulier, que les Pilotes ont tous remarqué

»Royaume

»Royaume de Naples, & dont les Anciens ont tant
»chanté le tournant d'eau nommé Charybde, & le
»Rocher de Scyglis (1), lesquels se trouvent vis-à-

---

que le gouvernail perd, de ce côté, une grande partie de sa puissance,
& que les vaisseaux, même avec le vent le plus favorable, avoient
beaucoup de peine d'approcher du havre de Messine. C'est probablement le petit promontoire qui s'avançoit de l'extrémité orientale de
Messine, & qui séparoit ce beau bassin du reste du détroit, qui pro-
duisoit ce tournant; comme il resserroit le détroit, il augmentoit néces-
sairement la vîtesse du courant. Il s'y joignoit peut-être aussi d'autres
causes; car celle-ci n'explique pas tous les phénomènes qu'on apperçoit.
Homère, Virgile, Lucrèce, Ovide, Salluste, Sénèque, ainsi que plusieurs anciens Poëtes d'Italie & de Sicile parlent tous de ce gouffre en
des termes pleins d'horreurs, & le décrivent tous comme un objet
d'épouvante, même à ceux qui le regardoient de loin. Avant la catastrophe cruelle arrivée à Messine, il n'étoit certainement pas si formi-
dable; & il est vraisemblable, observe M. *Brydone*, que la violence
de ce mouvement, continué pendant tant de siécles, a émoussé les
pointes escarpées des rochers, & détruit les obstacles qui pouvoient
intercepter & confiner les flots dans des bornes étroites. Il n'est pas
douteux que la largeur du détroit, en cet endroit, n'ait été considéra-
blement aggrandie; car le frottement continuel, produit par le courant, doit avoir usé les bords de chaque côté, & élargi le lit des
vagues.

Les vaisseaux qui se trouvoient dans ce passage, dit cet Auteur,
traduit par un Ecrivain intéressant, étoient obligés de ranger la côte de
Calabre, aussi près qu'il leur étoit possible, afin d'éviter l'attraction
violente qu'occasionnoit le tournoiement des eaux de ce gouffre, &, lors-
qu'ils arrivoient à la partie la plus étroite & la plus rapide par conséquent,
du détroit entre le cap Pelore & *Scylla*, ils couroient grand risque d'être
jettés directement contre ce rocher. De-là vient le proverbe *d'éviter
Charybde pour tomber dans Scylla*. On a toujours assez généralement
observé que ce qui est englouti par le Charybde, est porté au Sud par
le courant, & rejetté sur la côte de *Taurominum*. Au reste, le gouffre
de Charybde a pris son nom des mots Phéniciens *Chour abedum*, qui
signifient *trou de perdition*.

(1) Ou *Scylla*. On voyoit sur le port de Messine une belle fontaine
de marbre blanc, représentant Neptune, enchaînant Scylla & Charybde,
sous les figures de deux monstres de mer, tels qu'ils sont peints par

B

»vis l'un de l'autre dans le Détroit ou Phare. Cette
»Ville est le séjour du Viceroi, le siége d'un Arche-
»vêque & un des plus fameux Ports de la Méditer-
»ranée. C'est sa forme recourbée en faulx, qui la fit
»nommer anciennement *Zanclée* (1), qui veut dire faulx
»ou faucille. Elle fut fondée par les Grecs, & depuis a
»changé de maître par les révolutions de la Sicile, dans
»lesquelles elle a été entraînée. Elle est aujourd'hui (1725)
»sous la domination des Espagnols qui y ont fait cons-
»truire, *ces dernieres années*, une très-belle & forte Ci-
»tadelle dans le Port, & quantité d'autres Ouvrages de
»fortification, aux environs des anciennes, comme à la
»Tour de la victoire, à Matagriffon, à la demi-lune de
»S. Vincent, à S. Salvador, au Môle, &c. Toutes les
»rues de cette Ville, continue le même Géographe, sont
»belles, mais particulièrement celles qui sont parallèles
»au quai, lequel a 2000 pas de longueur en forme
»d'amphithéâtre & est bordé de grands Palais, tous de
»symmétrie. Il y a, (ajoute-t-il), dix Paroisses & un
»grand nombre d'autres Eglises, Couvents & Chapelles
»très-belles & très-riches. La Cathédrale porte le nom
»de *sainte Marie la Neuve*, dont le grand portail est
»revêtu de marbre, au bout duquel est écrit en gros ca-
»ractères gothiques & EN FRANÇOIS, *Grand merci à Messine*,

---

les Poëtes. On attribue l'étymologie du nom de *Scylla* au mot Phéni-
cien Schul, qui signifie *malheur mortel*.

(1) Les Grecs décrivoient les noms par quelques-unes des propriétés
les plus remarquables des objets. Ils imaginerent que la faulx de Saturne
y étoit tombée, & qu'elle lui avoit imprimé cette forme. Les Latins,
moins passionnés pour les Fables, changerent son nom en *Messine*, de
Messis, récolte, pour désigner la grande fertilité de ses champs. On
ne fait pas une seule observation, on n'écrit pas une ligne, qu'elle ne
soit détrempée de larmes.

»à caufe des vaiffeaux que les Meffinois prêterent aux
»François pour paffer dans le levant, du temps des Croi-
»fades; ou bien, felon d'autres, parce que, durant les
»vêpres Siciliennes, les Meffinois renvoyerent les François
»à Naples, & en Provence, fans les égorger, comme
»firent toutes les autres Villes de cette Ile, ou bien encore
»pour avoir la premiere ouvert fes portes aux François,
»quand ils s'emparerent de la Sicile. C'eft dans la tour
»du tréfor de cette Eglife, que les Meffinois gardent une
»lettre qu'ils prétendent leur avoir été écrite par la Sainte
»Vierge, l'an de grace 42. *Les tremblements de terre aux-*
»*quels cette Ville eft fujette, ne détruifent que trop fouvent*
»*les beaux édifices de cette charmante & magnifique Ville,*
»*dont le commerce eft très-riche, & particulièrement*
»*en foie* (1). »

Le but que nous nous fommes propofé de mettre le
lecteur, pour ainfi dire, à la fcène de la fatale cataftrophe
du Mois de Février dernier, loin de nous interdire tout
détail propre à faire connoître les contrées qui en ont été
les victimes, femble nous faire une loi de continuer nos
obfervations, pour l'intéreffer plus vivement encore, s'il
étoit poffible, au récit de cet événement déplorable.

La langue de terre qui formoit le havre de Meffine,
étoit très-bien fortifiée. La Citadelle, fortereffe confidérable, étoit conftruite fur cette partie qui la joint à la
grande terre : la pointe qui s'avançoit le plus loin dans la
mer, étoit défendue par quatre petits forts qui comman-
doient l'entrée du havre. Il y avoit entre ceux-ci un

---

(1) Cette Ville eft fituée fur la mer, à 44 lieues E. de Palerme,
21 N. E. de Catane, 114 S. P. E. de Rome, 75 S. P. E. de Naples ;
longitude, 33, 30; latitude, 38, 10.

B ij

lazaret & un autre fanal, pour avertir les marins qu'ils approchoient du Charybde, comme celui du cap Pélore est destiné à leur faire remarquer le Scylla ; & c'est probablement de ces fanaux appellés *Pharos* par les Grecs, que l'ensemble de ce célèbre détroit a pris le nom de *Phare de Messine*.

Il y avoit toujours dans ce havre un grand nombre de galères & de galliotes qui ajoutoient infiniment à sa beauté.

Il n'est pas possible, dit M. *Brydone*, de peindre celle du spectacle, dont on jouit du haut d'une des collines, à quelque distance de la Ville. Le Détroit, dit élégamment son traducteur, paroît être un grand fleuve, majestueux & fier, roulant ses eaux avec lenteur entre deux chaînes de montagnes, & s'élargissant peu-à-peu depuis la partie la plus étroite, jusqu'à ce qu'il se confonde avec la mer. Ses bords sont, en même-temps, revêtus de riches campagnes de bled, de vignobles, de vergers, de villes, de villages & d'églises ; & de magnifiques forêts bornent la vue de chaque côté. Les maisons, ajoutent-t-ils, y sont grandes, commodes, & la plupart des choses nécessaires à la vie y sont à bon marché & en abondance. Les logements y coûtoient peu du temps du voyage de M. *Brydone* (1) ; & de tous les endroits que j'ai vûs, dit cet Anglois observateur, il n'y en a point qui soit aussi propre que Messine pour les valétudinaires, qui, chaque automne quittent l'Angleterre, comme les hirondelles, afin de chercher des climats chauds. La température de l'hiver y est infiniment préférable à celle de Naples.

Messine étoit un objet de grande vénération pour tout

____

(1) En 1770.

le reste de la Sicile, parce que cette Ville avoit aidé autrefois le comte Roger à délivrer l'île du joug des Sarrasins. En considération de ce service, les Rois successeurs de Roger (1), accorderent aux Messinois de

---

(1) Le Comte Roger fixa le siège de son Empire à Palerme, & établit le systême politique de la Sicile sur une base solide; il divisa la Sicile en trois parties; il en donna une à ses Officiers, une autre au Clergé, & se réserva la troisieme. Ces deux Corps formerent un Parlement, dont le fantôme existoit encore; mais il a, depuis long-temps, perdu toute sa puissance, & il est réduit à rien. Nous croyons qu'il n'est pas indifférent pour le Lecteur de retrouver ici ce qu'a dit à ce sujet feû l'Abbé Nicolle de la Croix, dans sa Géographie moderne, d'autant mieux que, de tous les exposés que nous avons lus & comparés sur cet article, avec toute l'attention dont nous sommes capables, nous n'en avons point trouvé de plus clair, de plus concis & de plus satisfaisant que le sien, & qu'il ajoutera peut-être aux notions qu'on doit desirer dans les circonstances présentes, celle d'un pays où le fanatisme de l'imagination, souvent trop exaltée de quelques Admirateurs enthousiastes, a, pour ainsi dire, placé le séjour de la tranquillité & de l'aisance humaine, qui n'y résident réellement que par la bienfaisance du Souverain qui le gouverne.

« Les Siciliens, dit cet Auteur, sont gens d'esprit & industrieux; »mais peu constans. Ces Peuples, après avoir été sous la puissance des »Grecs, des Carthaginois, des Romains, des Empereurs Grecs & des »Sarrasins, tomberent enfin, dans le XIe siécle, sous celle des Nor- »mands, avec le Royaume de Naples. Les François posséderent la »Sicile pendant une partie du XIIIe siécle, malgré les guerres qu'il leur »fallut essuyer de la part des Rois d'Arragon, qui y avoient des pré- »tentions. Mais un Seigneur Napolitain, à l'occasion d'un méconten- »tement particulier, forma contre eux une conspiration qui éclata, en »1282, le jour de Pâque. On égorgea par toute la Sicile, à la même »heure, tous les François qui s'y trouverent; & l'on appella ce meurtre » *Vêpres Siciliennes,* parce qu'on prit, pour ce signal, le premier coup »de l'Office des Vêpres. Depuis ce temps, les Rois d'Espagne ont joui »de la Sicile en qualité de Rois d'Arragon; mais, par la paix d'U- »trecht, en 1713, cette île fut donnée au Duc de Savoie, qui en »prit le titre de Roi. Ce Prince fut forcé ensuite de la céder, en »1720, à l'Empereur, & eut en échange celle de Sardaigne. La »Maison d'Autriche a possédé la Sicile avec le Royaume de Naples, »jusqu'en 1736, que Dom Carlos, aujourd'hui Roi d'Espagne, devint

grands priviléges, dont quelques-uns fubfiftoient encore. C'eft à Meffine que les Normands débarquerent, & ce fut la premiere place dont ils s'emparerent par le fecours de fes habitants, comme l'a obfervé M. de Fer, dans le précis de ce Géographe que nous avons tranfcrit plus haut. Leurs armes victorieufes s'étendirent bientôt enfuite fur toute l'Ile, & mirent fin pour jamais à la ty-rannie des Sarrafins.

Nous l'avons dit & nous le répétons : nous ne fommes entrés dans les détails qu'on vient de lire fur la Calabre & la Sicile, & particulièrement fur Meffine, que pour fixer d'une maniere plus particuliere l'attention & la fen-fibilité de nos Lecteurs fur la relation des défaftres qui viennent de ravager ces malheureufes contrées, qu'il femble que l'abondance & la richeffe du climat difputoient aux fureurs des fléaux dont elles viennent d'être la proie. Parmi les nouvelles qui circulent au moment où nous écrivons, nous croyons devoir le droit de primauté à

„Maître de l'une & de l'autre par le traité de Vienne. La Sicile, avec „Naples, eft aujourd'hui poffédée par un de fes Fils.

„Il n'y a point de riviere confidérable en Sicile.

„Cette Ile a environ 60 lieues de long, fur 40 de large. En con-„féquence des chaines de montagnes qui la traverfent, on la divife en „trois vallées : celle de *Démona*, au Nord eft ; celle de *Noto*, au „Midi ; celle de *Mazara*, à l'Occident.

„On joint ordinairement à la Sicile les îles de *Lipari*, qui en font „voifines, au Nord-oueft, & qui, depuis long-temps, ont fuivi fon „fort.„

L'Auteur du Dictionnaire Géographique obferve que, dans le temps que les François étoient dans Meffine, on y comptoit 80,000 Habitans mais que, depuis l'époque des *Vêpres Siciliennes*, elle n'eft pas peuplée en proportion de fa grandeur, & que fon commerce eft confidérablement diminué. Il ajoute (dans le temps où il écrivoit fon Dictionnaire), que le Viceroi de Sicile y réfide fix mois de l'année, & qu'elle difpute la qualité de Capitale à Palerme.

celles qu'on trouve confignées dans la **Gazette de France**, du vendredi 14 Mars 1783, n.° 21 , auxquelles nous ajouterons les autres nouvelles particulieres qui nous font tombées entre les mains & dont la fimplicité & le peu d'affectation dans le récit , nous paroît prefque garantir l'authenticité ; autant toutefois qu'il eft permis d'en juger par la comparaifon que nous avons cru devoir faire de tous les bulletins particuliers qui nous font parvenus.

Nous avons cru devoir préférer cette méthode inftructive, autant pour nous mettre à l'abri de tout reproche, que pour mettre nos Lecteurs à portée de comparer, de choifir & de juger, fans que nous puiffions avoir à nous reprocher de prétendre déterminer l'opinion publique , fur un événement dont les feuls détails poftérieurs & fucceffifs peuvent garantir l'exactitude des détails.

Naples , 15 *Février* 1783.

La frégate Napolitaine la *S^(ta.) Dorothea ,* apporta hier les nouvelles les plus accablantes , des défaftres de Meffine.

Le 5 de ce Mois, à une heure après midi, le tremblement de terre le plus affreux qui fe foit jamais fait fentir, (& dont les fecouffes auffi violentes que multipliées, duroient encore au départ de la frégate, trois jours après,) a prefqu'entièrement détruit cette Ville célèbre. Elle ne préfente plus qu'un amas de ruines fous lefquelles eft enfeveli un grand nombre d'habitants, qu'on fait monter jufqu'à préfent à douze mille. Le Palais-Royal, celui de l'Archevêque, le Lazaret, partie de la Citadelle, les Edifices publics les plus remarquables, la plus grande partie des Eglifes, Couvents & maifons, ainfi que toute la *Palazzatta*, ou Cercle du Palais, fymmétriquement conftruit autour du Port & qui formoit le plus bel ornement de cette malheureufe Ville, ont été engloutis. Le feu qu'on n'a pu parvenir à éteindre le 5 & le jour fuivant, a dévoré & confumé ce que le tremblement de terre avoit épargné.

Meffine & les environs n'ont pas feuls effuyé les ravages de cet horrible bouleverfement ; il s'eft étendu d'un rivage à l'autre du détroit, & y a caufé les plus grands défaftres. Les Villes de *Reggio* (1), *Palmi, Bagnara, Seminara, Milet* (2), *Saint - Georges*, *Terranova*, *Cafalnuova*, *Oppido* & plufieurs autres lieux de la Calabre ultérieure, fur-tout *Scilla*, *Catanzaro* (3), & *Monteleone*, ont éprouvé le même fort. On ne peut encore déterminer exactement le nombre des milliers d'individus qui ont été enfevelis fous les ruines (4).

On a fenti du mouvement jufqu'à Naples ; mais il a été fi foible, qu'à peine la huitieme partie des habitans a pu s'en appercevoir.

Le courier ordinaire pour Reggio a rapporté fes lettres, difant qu'il avoit été arrêté à *Monteleone* par une

---

(1) Nous en avons donné la defcription au commencement de ce précis.

(2) Nous avons dit que c'eft un Evêché au Nord de Reggio.

(3) C'eft le lieu de la réfidence du Gouverneur de la Province, près du golfe de *Squillace*, avec le titre d'Evêché.

(4) Une Lettre particuliere de Rome, en date du 19 Février 1783, annonce que l'Italie feptentrionale eft environnée d'inondations, & que c'eft la raifon qui a retardé l'arrivée du Courier. Cette Lettre confirme les conjectures annoncées fur la ruine des îles de *Lipari*, englouties fous les eaux, ainfi que la réduction du nombre de 365 Villes, Bourgs & Villages de la Calabre, à 25 feulement, le refte ayant été englouti.

ouverture

ouverture qui s'étoit faite dans les terres, ce qui a sans doute empêché qu'on n'ait reçu des détails par la voie de terre, depuis onze jours de date de cette cataftrophe.

Auffi-tôt que le Roi a été informé de cette nouvelle, qui a pénétré fon cœur paternel de la plus vive douleur, Sa Majefté s'eft occupée de tous les moyens de venir le plus promptement poffible au fecours de fes Sujets. Il a été réfolu d'envoyer dans la Calabre D. Vincenzo Pignatelli & le fieur de Calvarafo à Meffine, dont il eft Gouverneur, pour y diftribuer de l'argent, réparer, autant qu'il fera poffible, les dommages foufferts, prévenir les défertions & les défordres, fuites ordinaires d'auffi finiftres événemens.

La Frégate eft reftée armée pour convoyer les bâtimens que l'on s'empreffe de charger de comeftibles, & autres effets de premiere néceffité; mais le vent contraire eft un nouveau fléau dans ce moment-ci pour les malheureux qui attendent du fecours.

On nomme déjà parmi les morts à Meffine, le fieur Bretel, Conful d'Hollande, le plus riche Négociant de cette Ville.

A *Scilla*, le Prince de ce nom, noyé, en voulant fe fauver fur une barque qui a été écrafée par une roche, & à Ragnara, la Princeffe de Gerace.

Tout eft à Naples dans la plus grande confternation. Les Siciliens établis dans cette Ville attendent à chaque inftant l'arrivée des barques, qui doivent leur amener une partie de leurs parens, & leur apprendre le fort funefte des autres. Les fpeâacles ont été fufpendus, & l'on a ordonné des prieres publiques pendant trois jours.

A ces triftes nouvelles, auxquels nous avons cru devoir la préféance, nous ajouterons un précis qui nous a paru infiniment fatisfaifant par fes détails & par la comparaifon que nous en avons faite avec toutes les relations particulieres que nous nous fommes empreffés de nous procurer fur ce douloureux événement. Nous ne croyons point qu'il foit une feule ame fenfible à qui il n'arrache des larmes. Les notes dont nous l'avons accompagné, felon notre méthode annoncée de vouloir mettre nos Lecteurs à la fcène des faits, ne contribueront peut-être pas moins que toutes celles que nous avons femées dans le cours de cet ouvrage, à en rendre la lecture auffi curieufe qu'intéreffante.

Le mercredi 5 Février, à 19 heures 5 minutes (1), la Calabre ultérieure & la Sicile éprouverent un horrible tremblement de terre du levant au ponent, lequel s'étant fait fentir du haut en bas, & enfuite par ondulation, dura environ 6 minutes. Depuis 19 heures jufqu'à 7 de la nuit, les fecouffes furent continuelles, & l'on en compta jufqu'à 32; à 7 heures, il y en eut une beaucoup plus forte, fuivie de plufieurs autres qui fe fuccéderent le jeudi & le vendredi.

La Calabre ultérieure compte environ 375 (2) Villes ou Villages defquels 320 ont été détruits entièrement, fans qu'il en refte aucun veftige. Les autres font à moitié ruinés.

Le Marquis d'*Arana*, le Duc d'*Infantado*, le Duc de *Caffan*, les Seigneurs & les Négociants de la Calabre ont tout perdu : toutes les marchandifes qui étoient dans les magafins, comme foies, grains, vins & huiles, ont été

---

(1) Il faut ajouter : *fuivant le cadran d'Italie*. La gazette d'Amfterdam du 7 Mars ajoute ces mots, *du matin*.

(2) Les différentes relations varient fur ce nombre. Les unes portent 365, les autres 375. Au refte, il s'agit de ce qu'il en peut refter.

engloutis. On a vu ces dernieres denrées couler fur la mer.

Les fortifications de la Calabre font toutes détruites; la pointe de la tour du Phar a été renverfée dans la mer, ainfi que la Ville de *Pezo* : on ne voit pas même l'endroit où elle a exifté.

La Ville de *Radgio* (1) n'exifte plus ; *Montéléone*, *Tropea*, *Sinopoli*, *Mileti* font ruinées en partie; Bagnara & plufieurs autres lieux confidérables ont été détruits.

Le Prince *Spinelli de Carioli* a perdu dix - fept fiefs, du nombre defquels font les Villes de *Seminara* & de *Palmi*, dont on ne trouve pas les ruines. Il a perdu encore la valeur de deux cens mille ducats en huiles qui étoient dans des magafins.

L'illuftre Princeffe de *Giraffe Grimaldi* fe trouvoit dans fon château de Giraffe ; un gouffre s'ouvrit fous fon palais, & engloutit la Princeffe & fa Famille. Les flammes ont dévoré la Ville & les fiefs voifins.

Le Prince de *Scilla* étoit parti pour fon fief de Scilla, à la premiere fecouffe du tremblement. Il échappa aux ruines de la Ville qui fut renverfée, & il fe fauva dans un bateau; mais une feconde fecouffe fubmergea le bateau, & le fit périr dans la mer.

Le Duc & la Ducheffe de *Bagnara* ont péri au milieu des ruines de leurs fiefs. Il ne refte au Prince d'*Ardore*, qui poffédoit fept fiefs, que celui de *S'. Georges*.

Enfin plufieurs autres Maifons puiffantes ont péri, & l'on fait monter le nombre des morts à cent mille perfonnes.

Le fleuve Petrace, qui traverfoit la Calabre, a été paffé à fec par un Courier. On ne fait pas encore fi tous les

____

(1) C'eft probablement *Reggio*.

autres fleuves se font abîmés dans un gouffre, s'ils ont changé de lit, ou si, dans cette convulsion de la terre, leurs sources n'ont pas été bouchées.

Un Courier de Naples envoyé en Calabre, a rapporté qu'il avoit vu des Volcans s'ouvrir presque sous ses pieds, & qu'il avoit été obligé de retourner en arriere depuis *Monteléone*, après avoir été témoin de la ruine de plusieurs Villages, à quelques pas de lui.

D'autres fleuves moins considérables ont changé leurs cours ; des montagnes ont disparu ; d'autres ont été fendues ; d'autres enfin ont changé de direction. La terre s'est ouverte par tout ; les ponts & les chemins font ruinés.

Un Courier a vu des côtes de Reggio, flotter sur la mer plus de 800 cadavres.

Les malheureux qui ont échappé aux ruines des bâtimens, font répandus dans les campagnes, sans vivres, sans feu, & sans habits.

Les cadavres épargnés par l'incendie, font ensevelis dans les campagnes.

Messine est la seule ville de la Sicile qui ait péri. On a senti trois secousses à Palerme & à Naples, mais elles n'ont causé aucun dommage.

Toutes les maisons de *Melasso*, se font fendues ; mais aucune n'a été renversée.

La Frégate du Roi la *Sainte-Thérese*, qui étoit à la hauteur du port de *Messine*, le 8, a rapporté les nouvelles suivantes.

La majeure partie de la ville de *Messine*, écroula par les secousses terribles qu'elle éprouva le 5 à 19 heures. Le reste fut renversé dans la nuit par des secousses redoublées qui durerent 48 heures ; en sorte que lorsfqu'elle partit, aucun bâtiment n'étoit fur pied , excepté le couvent des Capucins & l'Eglife du Purgatoire : le refte de la Ville n'étoit plus qu'un monceau de pierres. Le nombre des morts eft de 12000 , cette perte eût été moins confidérable , fi des fcélérats profitant de la confufion générale, n'euffent péri dans le pillage des maifons. On ne peut apprécier la perte dans une Ville auffi commerçante; il fuffit de dire qu'on n'a rien fauvé, & que ce qui avoit échappé au tremblement de terre, a péri par un incendie, devenu plus furieux par l'action du vent de terre qui fe portoit vers le Port, d'où la Frégate du Roi & la Citadelle ne ceffoient de tirer des coups de canon, pour en changer la direction. La Nobleffe & beaucoup d'autres perfonnes fe font fauvées nues, fur les Frégates & fur les Bâtimens qui étoient heureufement dans le Port. La moitié de la Citadelle a été renverfée, & la Garnifon a perdu 40 hommes. On rapporte qu'il s'eft ouvert dans le fol & dans les campagnes voifines, des gouffres qui jettoient de la fumée & répandoient une odeur de foufre.

On craint que l'Ile de Lipari (1) n'ait été détruite; un

---

(1) Les îles de *Lipari* font au Nord de la Sicile. On les appelloit autrefois *Œoliæ & Vulcaniæ*. C'eft-là où les Poëtes plaçoient le Royaume d'Eole . Dieu des Vents . & les Forges de Vulcain, à caufe de plu-fieurs volcans qui s'y trouvent. On compte fept principales îles , qui font d'ailleurs peu confidérables.

La premiere & la plus grande fe nomme *Lipari*; elle a environ fix lieues de tour. L'air y eft fain : on y trouve abondamment des fruits, des grains , du bitume, du foufre & de l'alun : elle a auffi des eaux chaudes. Elle fait un grand commerce de figues, de raifins & de poif-fons. Il y avoit autrefois un volcan qui a ceffé de jeter du feu.

Lipari , Capitale de cette Ifle , eft une Ville très-ancienne & très-forte; elle a un Evêché fuffragant de Meffine.

Les autres Ifles font *Stromboli* (en latin, *Domus Œolia)*, *Panari , Salines , Volcano , Felicur* & *Alicur.*

Bâtiment, qui paſſoit près de là, a recueilli beaucoup de monde qui fuyoit ſur des bateaux. On rapporte que les ſecouſſes y avoient été terribles & continuelles.

Il faut croire que la plupart des Géographes ne mettent point au rang des îles *Lipari*, celles qui ſont déſertes, puiſque, de *onze* qu'on en compte ordinairement, la Géographie de l'Abbé Nicolle de la Croix n'en cite que ſept. Au reſte, *Lipari*, qui eſt la plus grande, & qui, comme on vient de le dire, a un Evêché ſuffragant de Meſſine, a ſix lieues de long. Pluſieurs d'entre les autres Iles ſont déſertes, & quelques-unes ſont remplies de ſoufre, dont les veines ſe voient même extérieurement, de bains chauds, d'alun, de raiſins de Corinthe & de coton, L'une d'entre elles, nommée *Stromboli*, eſt célèbre par ſon volcan, qui jette du feu toute l'année. La Malvoiſie de *Lipari* eſt très-bonne; le terroir eſt très-fertile, & les Habitans ſont induſtrieux & bons Navigateurs. Avant l'année 1609, ces Iles étoient cenſées appartenir au Royaume de Naples; mais, depuis cette même année, elles ſont partie du Royaume de Sicile.

Ces Iſles préſentent un très-bel aſpect pour les Amateurs des Phénomènes de la Nature; il ſort toujours de la fumée de pluſieurs d'entre elles, ſur-tout du *Volcano* & du *Volcanello*; mais, ſi l'on en excepte le *Strombolo*, elles n'ont point eſſuyé d'éruption enflammée depuis quelques ſiécles, Cette Ile paroît être un volcan d'une nature très-différente du Véſuve; les exploſions ſe ſuccedent les unes aux autres avec une ſorte de régularité, & leur durée paroît être la même, Les Phénomènes de ce volcan ſont, en quelque ſorte, inexplicables : les exploſions reſſemblent quelquefois exactement à celle du Véſuve, & le grand nombre de pierres enflammées, qu'il jette dans l'air, produiſent ſeules la lumiere : dès qu'elles ſont retombées à terre, cette lueur paroît entièrement éteinte, juſqu'à ce qu'une autre exploſion cauſe une illumination nouvelle. On a remarqué ces effets dans le Véſuve, excepté lorſque la lave, élevée juſqu'au ſommet de la montagne, continue ſans interruption à éclairer l'atmoſphère des lieux circonvoiſins. Il eſt évident que la lumiere du Strombolo dépend de quelqu'autre cauſe. Quelquefois une flamme rouge & claire ſort du cratere de la montagne, & brille l'eſpace d'une demi-heure. Le feu eſt de différente couleur, ſuivant celle des pierres lancées en l'air. On croiroit que quelque ſubſtance inflammable s'allume tout-à-coup dans les entrailles de la montagne. Ce feu n'eſt pas accompagné d'un bruit & d'une exploſion ſenſibles. Il y a treize ans que l'on diſoit à Naples qu'il y avoit eu depuis peu une éruption très-violente, & qu'elle avoit commencé à former une nouvelle Iſle à très-

L'effroi que ce défaftre a répandu dans le Royaume de Naples & dans la Capitale, eft inexprimable. Les Spectacles ont été fermés, le peuple abandonnant les plaifirs du carnaval, a eu recours aux prieres. Le Roi

---

peu de diftance de l'ancienne. Le cratere du Strombolo paroît différer abfolument du Véfuve & des anciens volcans qui environnent Naples. Les crateres de ceux-ci font tous au centre & dans la partie la plus élevée de la montagne; celui du Strombolo eft fur le côté, & à plus de deux cens verges de fon fommet. Du cratere à la mer, l'Ile eft entièrement compofée de la même efpèce de cendres & de matieres brûlées, que la partie conique du Véfuve, & la quantité de cette matiere augmente de jour en jour, par les vomiffemens continuels de la montagne; car, de tous les volcans dont on a pu entendre parler, le Strombolo paroît être le feul qui brûle fans ceffe. L'Ethna & le Véfuve fe repofent fouvent pendant plufieurs mois, & même pendant des années, fans la moindre apparence de feu ; mais le Strombolo eft toujours allumé, & il étoit déjà regardé par les Anciens comme le grand fanal de ces mers. N'eft-il pas étonnant, ajoute M. *Brydone*, de qui nous empruntons cette defcription intéreffante, qu'un feu fi immenfe & fi continu, fe maintienne depuis des milliers d'années, au milieu de l'Océan ? Dans les autres îles de *Lipari*, le feu paroît prefque éteint aujourd'hui, & l'on diroit qu'il s'eft concentré dans le Strombolo, qui eft comme la cheminée des autres; le Volcano & le Volcanello lancent toujours des nuages de fumée. Il eft probable que le Strombolo, ainfi que les Iles voifines, ont été produites originairement par un feu fouterrein. La matiere dont elles font compofées femble démontrer cette opinion, que plufieurs Auteurs Siliciens confirment. Fazello, un des meilleurs écrivains de la Sicile, décrit la maniere dont s'eft formé le Volcano, qui eft à préfent un des plus confidérables. Il dit que ce Phénomène arriva dès les premiers temps de la République, & qu'il eft rapporté par Eusèbe, Pline & d'autres. Il ajoute que, même de fon temps, au commencement du feizieme fiécle, il vomiffoit fans ceffe une quantité prodigieufe de feu & de pierre ponce ; que, le 5 Février 1444, il y eut une très-grande éruption qui ébranla toute la Sicile, & répandit l'alarme fur la côte d'Italie, jufqu'à Naples. Il nous apprend que la mer étoit bouillante tout autour de l'Ile, & qu'il fortoit du cratere, des rochers d'une groffeur énorme ; que le feu & la fumée perçoient en plufieurs endroits à travers les vagues, & que la navigation, parmi ces *Lipari*, fut totalement changée. On vit paroître des rochers où il y avoit autrefois une eau profonde, & la plupart des détroits &

a fignalé fon humanité & fon zèle , par les prompts
fecours qu'il a portés à tant de malheureux : il a fait
diftribuer des fommes confidérables & une grande quantité de comeftibles chargés fur des Bâtimens. La Reine
s'eft défaite de fes Diamants, pour le foulagement des

---

des bas fonds furent entièrement comblés. Ariftote, dans fon Livre fur
les Météores, parle d'une très-ancienne éruption, qui couvrit de cendres
non-feulement la côte de Sicile, mais encore beaucoup de Villes d'Italie,
& il eft à croire que ce fut cette irruption qui forma l'Ifle. D'après la
defcription qu'il donne du Strombolo, cette Ile étoit, de fon temps,
à-peu-près la même qu'aujourd'hui, excepté qu'elle produifoit alors une
quantité confidérable de coton. La plus grande partie de fon terrein
femble ftérile fur le côté feptentrional ; il y a un petit nombre de
vignobles, mais ils font fort peu féconds : on apperçoit au Midi, à
quelque diftance de la côte, un rocher qui paroît être entièrement de
lave, & qui n'a pas moins de 50 à 60 pieds d'élévation au-deffus de
la furface de l'eau.

L'Ile de Strombolo n'eft qu'une montagne qui s'élève tout-à-coup &
en ligne droite de la mer ; fa circonférence eft d'environ dix milles de
tour, & elle n'a pas exactement la forme conique, qui paffe pour être
commune à tous les volcans. Le cratere en paroît abfolument inaccef-
fible. Les Naturels de cette Ile menent une vie prefque fauvage, &
la crainte d'être furpris par les Turcs, les tient toujours en alarme.
Quelques Voyageurs prétendent que, dans un temps clair, le Strombolo
paroît bien plus confidérable que le Véfuve, pour la hauteur, & qu'on
le découvre à la diftance de 25 lieues ; que, pendant la nuit, on
apperçoit fes flammes beaucoup plus loin ; de forte que fon horizon vifible
ne peut pas être moins de 500 milles, ce qui fuppofe une prodigieufe
élévation.

Ces Iles, qui, dit-on, rapportent au Roi de Naples d'affez gros
revenus, produifent une quantité prodigieufe d'alun, de foufre, de
nitre, de cinabre ; plufieurs fortes de fruits, & particulièrement des
raifins de Corinthe & des figues, qui y font excellentes. Quelques-uns
de leurs vins, fur-tout la Malvoifie, font très-connus dans toute l'Europe,
& fort eftimés.

L'Ile de *Lipari*, qui donne le nom à toutes les autres, eft, comme
on l'a déjà dit, la plus grande & la plus fertile. Du temps d'Ariftote,
elle étoit regardée, par les Navigateurs, comme un fanal, parce que
fes feux ne s'éteignoient jamais. C'eft ainfi qu'aujourd'hui les Marins fe
fervent du Strombolo,

Pauvres,

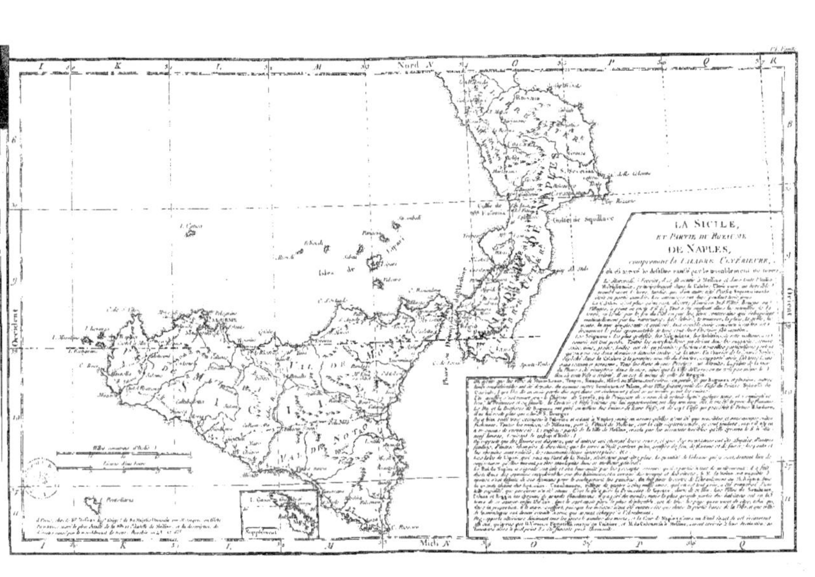

LA SICILE,
ET PARTIE DU ROYAUME DE NAPLES,
comprenant la Calabre Ultérieure,

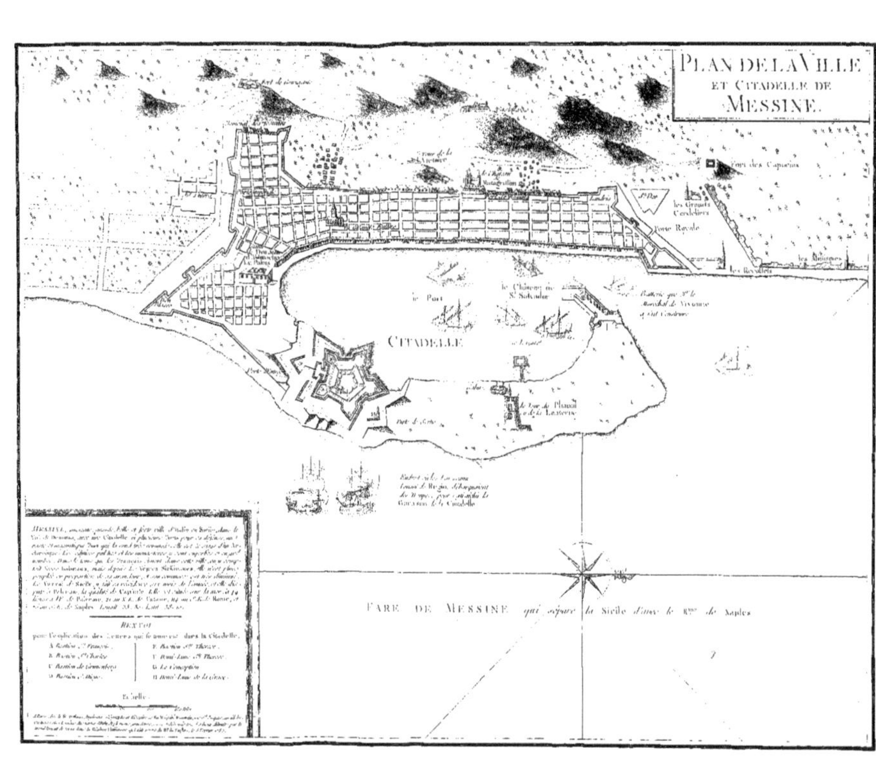

PLAN DE LA VILLE
ET CITADELLE DE
MESSINE.
Fort des Capucins
les Grands Cordeliers
Porte Royale
Port de Gonzague
Tour de la Victoire
Porte Royale
les Bastions
CITADELLE
le Port
le Château de St. Salvador
Batterie que S.te le Maréchal de Vivonne y fait construire
la Tour de Plaisir dite la Lanterne
Port de Terre
FARE DE MESSINE qui sépare la Sicile d'avec le Ryme. de Naples
RENVOI
pour l'explication des Lettres qui se trouvent dans la Citadelle.
Échelle.

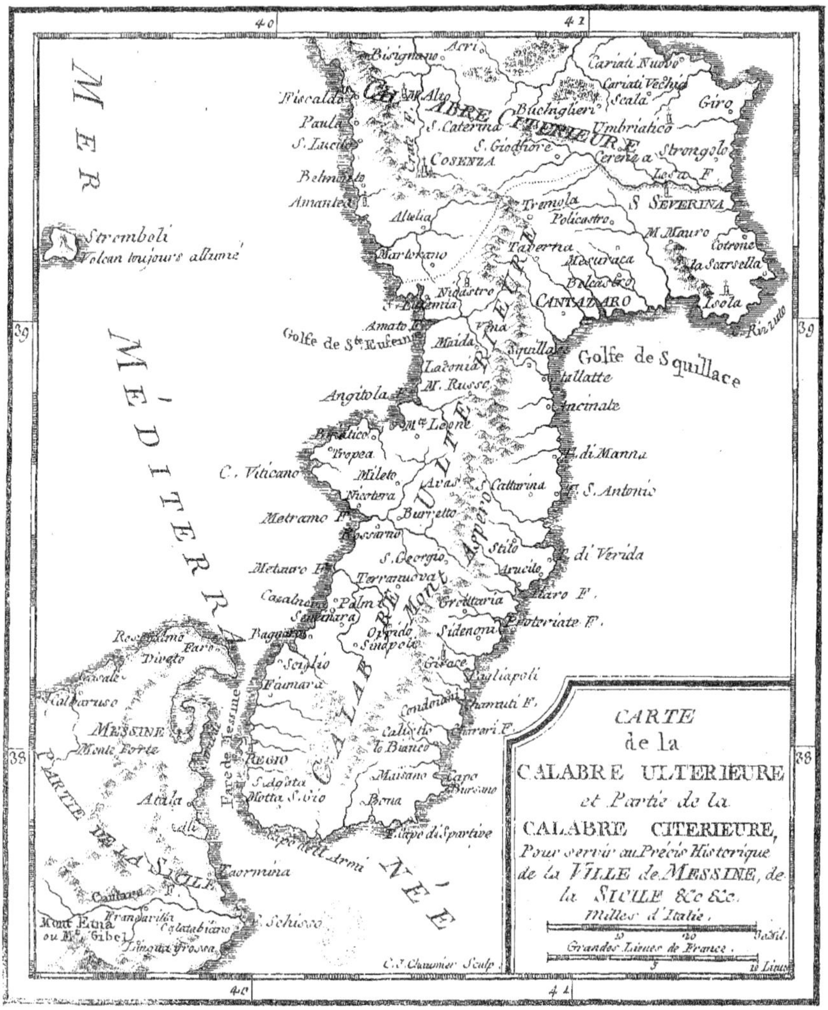

CARTE
de la
CALABRE ULTERIEURE
et Partie de la
CALABRE CITERIEURE,

Pour servir au Précis Historique
de la VILLE de MESSINE, de
la SICILE &c &c.

Milles d'Italie.

Grandes Lieues de France.

MER MÉDITERRANÉE

PARTIE DE LA SICILE

Stromboli
Volcan toujours allumé

Golfe de Squillace

Golfe de St Eufemie

Mont Aspero-Calabrien

Bisignano · Acri · Cariati Nuovo
Fiscaldo · CALABRE CITERIEURE · Buchiglieri · Cariati Vechia · Scala · Giro
Paula · S. Caterina · Umbriatico · Strongolo
S. Lucido · S. Giodhore · Cerenza · Isola F.
COSENZA · Belmonte · Tremola · S. SEVERINA
Amantea · Altelia · Policastro · M. Mauro · Cotrone
Martirano · Taverna · Mecuraca · la Scarsella
Nicastro · Belcastro · Isola
S. Eufemia · CATANZARO
Amato F. · Vina · Rizzuto
Maida · Squillace
Ladonia · Tallatte
M. Russo · Incinate
Angitola
H. di Manna
B. Calico · Mte Leone
Tropea · Avas · Cattarina · F. S. Antonio
C. Viticano · Mileto
Nicotera · Stilo · di Verida
Metramo F. · Burretto · Arucile
Rossarno · S. Georgio · Gredteria · Claro F.
Metauro F. · Terranuova · Preteriate F.
Casalnovo · Palmi · Oppido · Sidenoni
Seminara · Sinopoli · Gioce · Pagliapoli
Baguara · Chamuti F.
Rosarno · Faro · Scyllo · Condoiani · Farrari F.
Triveto · Faumara · Caliste · lo Bianco
Scale · REGIO · Maisano · Capo Bursano
Calvaruso · S. Agata · Bona
MESSINE · Motta S. Gio
Monte Forte · Capo dell'Armi · Cape d'Spartive
Acala
Gallina · Taormina
Gallara
Mont Etna · Tranparitta · S. Schisco
ou Mte Gibel · Catabriano
Lingua Grossa

C. J. Claumier Sculp.

Pauvres. Le Prince *Spinelli*, a été nommé par le Roi, pour prévenir les défordres que cet événement auroit pu produire à Naples.

On pourra fe procurer, chez le fieur DESNOS *, l'Atlas portatif d'Italie, affujetti aux Obfervations aftronomiques & aux Itinéraires, utiles aux Voyageurs, prix 6 liv. On y a joint le plan de Meffine, lequel fe vend féparément & enluminé, 3 liv.*

On trouvera également chez lui les Supplémens indifpenfables aux DÉTAILS HISTORIQUES & MÉTÉOROLOGIQUES *ci · deffus, qu'il mettra fous preffe inceffamment, afin de ne rien laiffer à defirer aux Lecteurs fur tout ce qui peut les intéreffer, relativement à ces contrées & au funefte accident qu'elles viennent d'éprouver.*

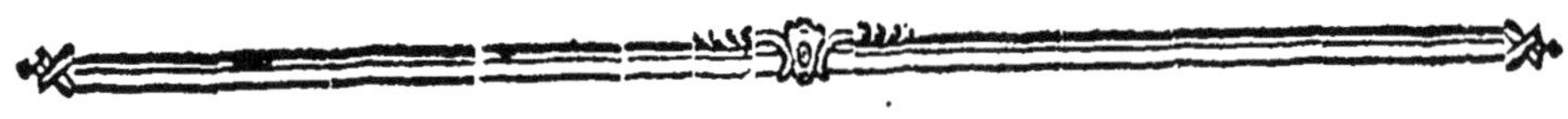

RELATION

DU DÉSASTRE ARRIVÉ

A MESSINE EN SICILE,

E T

DANS LA CALABRE ULTÉRIEURE, &c.

Le 5 Eévrier.

Les HISTORIENS, les Voyageurs & les Géographes s'accordent tous à dire que cette grande & magnifique Ville, ruinée aujourd'hui en partie par tous les élémens conjurés contr'elle, n'a été que trop sujette à des tremblemens de terre affreux qui l'avoient déjà mise plus d'une fois à deux doigts de sa perte. Quel tableau n'avons-nous pas à offrir à des Lecteurs sensibles ; & combien de pleurs ce funeste événement n'a-t-il pas déjà fait couler ? Trop heureux, hélas! les parens, les amis & les correspondans des infortunés Siciliens, Calabrois, &c. si cet affreux désastre ne leur coûtoit que des larmes! mais une ruine absolue.... L'humanité recule & frémit à l'aspect de ce tableau des plus grandes calamités qui puissent jamais affliger la race des hommes!

Le Mercredi, 5 Février, il se fit sentir à Messine & dans toute l'Italie Méridionale, principalement dans la Calabre ultérieure, le plus horrible tremblement de terre dont on ait jamais entendu parler, tandis que, d'un autre côté, l'Italie Septentrionale étoit en partie inondée. Les secousses ont duré pendant plus de trois jours. La premiere dura environ six minutes ; mais depuis, jusqu'à sept heures de la nuit, elles furent continuelles jusqu'au nombre de trente-deux ; à cette heure, il y en eut une beaucoup plus considérable, qui fut suivie de plusieurs autres, lesquelles se succéderent le Jeudi & le Vendredi avec la même violence.

La Calabre n'est plus qu'un vaste désert ; d'environ 375 Villes, Bourgs ou Villages, à peine en reste-t-il 25. Tout a été englouti dans les entrailles de la terre, ouverte pendant plus de trois jours, ou brûlé par le feu du ciel ou par les feux souterrains qui échappoient continuellement par les ouvertures.

Les éclairs, le tonnerre, la pluie, la grêle, les vents, la mer mugissante & soulevée, tout semble avoir concouru à rendre ce terrible événement le plus épouvantable & le plus funeste de tous ceux dont l'Histoire fait mention. Ce pays si beau, si fertile, si riche par ses abondantes productions, cette partie enfin des *Jardins de l'Europe*, (c'est le nom dont les Voyageurs ont jusqu'à présent qualifié la Sicile,) ce pays, où la premiere Noblesse de Naples avoit ses Fiefs & ses richesses, n'est plus qu'une étendue immense de terres bouleversées, de laquelle les chemins & les rivieres mêmes ont disparus.

Les Seigneurs les plus qualifiés, les Négocians, les Habitans de cette malheu-

A

reufe contrée ont tout perdu fans reffource. Toutes les marchandifes qui étoient dans les magafins, comme foies, vins, grains, huiles, ont été englouties ; plufieurs nouvelles particulieres portent qu'on a vu ces deux dernieres denrées couler fur la mer. Un Courier de la Cour de Naples, dépêché dans la Calabre, à la premiere nouvelle du défaftre, a rapporté avoir fait trois lieues fans rencontrer ame qui vive. Cette horrible folitude prépare à des détails dont l'idée feule de la poffibilité fait frémir. Les fortifications de la Calabre font toutes détruites ; la pointe de la tour du phare a été renverfée dans la mer, ainfi que la Ville de *Pizzo*. On ne voit même pas l'endroit où cette malheureufe Ville a exifté.

Il en eft de même de la Ville de *Reggio*. C'étoit une ancienne Ville affez confidérable de la Calabre ultérieure près de la Sicile, à l'extrémité de l'Italie, qui avoit le titre d'Archevêché, & où il fe faifoit un affez grand commerce de bonneterie. Elle avoit été la Patrie des trois Papes, favoir : *Agathon, Leon II & Etienne III*. On ajoute que les Villes de *Montéleone, Tropéa, Sinopoli, Mileti* ou *Mileto*, qui eft un Evêché au nord de *Reggio*, font ruinés en partie, & que *Bagnara* & plufieurs autres lieux confidérables ont été détruits. On nomme encore *Seminara* & *Palma*, deux Villes faifant partie des Fiefs du Prince *Spinelli de Carioli*, (que l'on dit en avoir perdu dix-fept dans cet événement) dont on ne trouve point les ruines. Un goufre s'eft ouvert fous le Château de *Gerafy*, où la Princeffe de ce nom étoit retirée depuis quelque temps, & a englouti ce lieu, la Princeffe & fa famille : la contrée & les Fiefs voifins, qui lui appartenoient, ont difparu avec elle, & ont été la proie des flammes.

Les mêmes nouvelles ajoutent que le Duc & la Ducheffe de *Bagnara* ont péri au milieu des ruines de leurs Fiefs, & que de fept Fiefs que poffédoit le Prince d'*Ardore*, il ne lui refte plus que celui de *Saint-Georges*.

On ne peut encore nombrer les maifons puiffantes qui ont péri ; mais, autant qu'il eft poffible d'en juger par l'apperçu des calculs qu'on a faits, on porte le nombre des morts à plus de cent mille perfonnes.

Meffine eft la feule Ville de la Sicile qui ait péri. On a bien fenti trois fecouffes à *Palerme* & autant à Naples ; mais on affure qu'elles n'ont été que fenfibles, fans fuites fâcheufes. Toutes les maifons de *Milazzo*, port à l'Oueft de *Meffine* fur la côte Septentrionale, fe font fendues, mais il n'y en a eu aucune renverfée. La majeure partie de la Ville de *Meffine*, dit une relation, croula par les fecouffes terribles qu'elle éprouva le 5 à dix-neuf heures, (fuivant le cadran d'Italie) le refte fut renverfé dans la nuit par des fecouffes qui fe fuccéderent fans relâche pendant les deux jours fuivans ; en forte que lorfqu'une frégate du Roi de Naples, qui étoit le 8 Février à la hauteur du port de Meffine, partit, il n'y avoit plus fur pied dans cette Ville que le Couvent des Capucins & l'Eglife du Purgatoire. Habitans, Palais, Maifons, Eglifes, Magafins, tout a été abîmé. La plus grande partie de cette fuperbe Place n'eft plus qu'un monceau de pierres que la flamme a ravagé. On fait monter le nombre des morts, dans cette infortunée Ville, à environ douze mille. On n'a abfolument rien fauvé. L'incendie devenu plus furieux encore par le vent de terre, a dévoré ce que le tremblement avoit épargné. On a vu beaucoup de Nobles & d'autres perfonnes fe fauver nues fur les frégates & fur les bâtimens qui fe trouvoient heureufement dans le port. Il n'y a eu, dit-on, que la citadelle dont la moitié a été renverfée, & qui a perdu plufieurs hommes. On rapporte auffi que des fleuves ont difparu, que d'autres ont changé leurs cours, & que des montagnes ont été abîmées, d'autres fendues, d'autres changées de direction ; que la terre n'étoit par-tout qu'un gouffre de feu, de flamme & de fumée ; que les ponts & les chemins font ruinés ; enfin qu'il n'eft pas poffible de voir un tableau plus effrayant & plus funefte que celui de cette horrible défolation, qui n'avoit pas encore eu d'exemple, au point où elle a été portée.

Les infortunés, qui ont échappé aux ruines des maifons, fe font répandus dans les campagnes, fans habits, fans nourriture. On affure qu'on a vu plus de huit cens cadavres flotter fur la mer, du côté de *Reggio* ; & les cadavres épargnés par l'incendie font enfevelis dans les champs.

Les Iles de *Lipari*, qui font au Nord de la Sicile, & où les Poëtes anciens plaçoient le Royaume d'*Eole*, Dieu des Vents, & les *forges* de *Vulcain*, à caufe de tous les volcans qui s'y trouvent, n'exiftent peut-être plus. La premiere & la plus confidérable de ces Iles, qui fe nomme *Lipari*, a environ fix lieues de tour. L'air y eft fain : on y trouve abondamment des fruits, des grains, du bitume, du foufre & de l'alun. Elle a auffi des eaux chaudes. Elle fait un grand commerce de figues, de raifins & de poiffons. Les Géographes difent qu'il y a eu autrefois un volcan qui a ceffé de jetter du feu. La Capitale de cette Ile fe nomme auffi *Lipari*. C'eft une Ville très-ancienne & très-forte, qui a un Evêché fuffragant de *Meffine*. Des Lipariens échappés dans des bateaux, aux premieres fecouffes du tremblement, ou au moment que ce fléau les a atteints, font encore en doute s'il ne les a pas entièrement détruites ou englouties, parce qu'un bâtiment qui paffoit près de ces fcènes affreufes, a recueilli beaucoup de monde qui fuyoit fur des bateaux, & a rapporté que les fecouffes avoient été terribles, & qu'elles fe fuccédoient fans interruption.

Le Roi de Naples a fignalé fon zèle & fon humanité par les prompts fecours qu'il a portés à tant de malheureux : il a fait diftribuer des fommes confidérables fur des bâtimens, & a envoyé des troupes, des vivres, des habits, tous les fecours enfin dont l'inquiétude de la fenfibilité, qui forme le caractère de ce Prince, a pu s'avifer aux reftes infortunés & trop peu nombreux échappés à cette horrible confpiration des élémens déchaînés contre ces malheureufes contrées.

L'effroi que ce défaftre a répandu à Naples & dans le Royaume a été inexprimable. Les fpectacles ont été fermés, le carnaval a été interrompu ; on s'eft porté en foule aux Eglifes pour implorer la clémence du Très-Haut. On ajoute à la louange de ces Souverains refpectables, que S. M. la Reine de Naples s'eft défaite de fes diamans pour le foulagement des pauvres. Noble emploi du luxe qui fert toujours, entre les mains des cœurs généreux & fublimes, aux befoins de l'indigence & de l'humanité fouffrante ! Il n'eft pas poffible de rien ajouter aux expreffions de la vive douleur dont les cœurs auguftes de Leurs Majeftés ont été pénétrés, auffi-tôt que cette nouvelle leur eft parvenue. Leurs peuples ont remarqué avec la plus vive fenfibilité qu'elles fe font occupées d'abord de tous les moyens de venir le plus promptement poffible au fecours de leurs Sujets. Ce n'eft pas la premiere fois que les hommes ont eu occafion de bénir les foins paternels de la Royauté. Les nouvelles de Naples, qui fe trouvent confignées dans la Gazette de France du 18 Mars (1783) & qui font fous la date du 22 Février, augmentent infiniment les dégats de la Calabre ultérieure, pour diminuer dans la même proportion ceux de Messine. Elles annoncent que l'on doit fixer le centre de l'ébranlement au mont *Aspero*, dans la grande chaîne des Apennins, & ajoutent que *Cazalnuovo*, village de quatre à cinq mille ames, qui en est tout près, a été renversé si rapidement, qu'il ne s'en est seulement pas sauvé une. C'est là qu'a péri la Princesse de *Gérace*, Dame de ce lieu. *Stilo* a été séparé par une ouverture qui s'est formée dans le milieu du Bourg. Elles portent aussi que *Seminara*, *Palma* & *Reggio* ont éprouvé de grands éboulemens, qu'il y a péri du monde, mais que la plus grande partie des habitans ont eu le tems de se sauver ; qu'enfin Messine, dont le sort avoit paru le plus déplorable, est de tous les pays qu'on vient de citer, celui qui, *dans la proportion*, a le moins souffert, puisque les maisons n'ont été renversées que dans la partie basse de la Ville, & que celles de la montagne ont donné retraite à ceux qui avoient échappé à l'éboulement. Au reste, tous les genres de comestibles ont été envoyés à cette malheureuse Ville de toutes les parties de la Sicile, & y ont répandu l'abondance. On ne doit point passer sous silence (lequel seroit condamnable à cette occasion), la bienfaisance attentive de la Veuve du Prince de *Villa-Franca* qui, dès le premier moment de cette horrible catastrophe, a fait distribuer tout ce qu'elle possédoit en huiles, vins, farine, & envoya aussi-tôt des ordres dans ses fermes, pour qu'on fît passer à *Messine* des troupeaux de toutes sortes de bétails. Les mêmes nouvelles ajoutent pour le bonheur de l'humanité, que les rapports ultérieurs diminuent tous les jours le nombre des morts, & que ce ne sera que lorsque *D. Vincenzo Pignatelli*, envoyé en Calabre, & *M. de Calvaraso* à *Messine*, seront arrivés à leur destination, que la Cour (*de Naples*) aura enfin une relation (*exacte*) de cet événement affreux, & que l'on pourra connoître jusqu'à quel point il a été funeste.

Nota. Il n'est point du tout question dans ces dernieres nouvelles des Iles de *Lipari*. Veuille la Providence, dont la main protectrice régle tous les événemens, avoir épargné à ces contrées, les malheurs que viennent d'éprouver la Calabre & Messine, & sur lesquels tout lecteur chrétien doit verser les larmes de la compassion & de l'humanité !

Les Personnes qui desireront de plus longs détails, les trouveront chez le même Libraire, en une brochure *in-4.°*, ayant pour titre : *Description de Messine & Détails historiques & météorologiques du désastre que cette Ville vient d'éprouver, avec des observations curieuses & intéressantes sur la Calabre ultérieure*, broché, 1 liv. 16 sols, avec le Plan de la Ville de Messine, & une Carte sur laquelle on a distingué les lieux dans lesquels les ravages se sont exercés.

Lu & approuvé, ce 22 Mars 1783, *Signé*, DE SAUVIGNY.
Vu l'Approbation, permis d'imprimer & distribuer, ce 28 Mars 1783, *Signé*, LE NOIR.

A Paris, chez DESNOS, Ingénieur-Géographe & Libraire de Sa Majesté le Roi de Danemarck, rue Saint-Jacques, au Globe.